跟着语文课本长知识

古人谈读书

马皓 ◎ 著

长江出版传媒　长江文艺出版社

图书在版编目（CIP）数据

古人谈读书 / 马皓著. -- 武汉 : 长江文艺出版社, 2025.6. -- ISBN 978-7-5702-3694-7

Ⅰ. G624.233

中国国家版本馆CIP数据核字第2024TM0270号

古人谈读书
GUREN TAN DUSHU

责任编辑：张远林	责任校对：程华清
封面设计：胡冰倩	责任印制：邱 莉 韩 燕

出版： 长江出版传媒 长江文艺出版社

地址：武汉市雄楚大街268号　　　邮编：430070

发行：长江文艺出版社

http://www.cjlap.com

印刷：湖北新华印务有限公司

开本：710毫米×970毫米　　1/16　　　印张：6.75

版次：2025年6月第1版　　　2025年6月第1次印刷

字数：71千字

定价：28.00元

版权所有，盗版必究（举报电话：027—87679308　　87679310）

（图书出现印装问题，本社负责调换）

目 录

第一辑　古人谈读书

孔　子：先端正态度 …………………………… 003

孔　子：敏而好学，不耻下问 …………………… 005

孔　子：择善而从，见贤思齐 …………………… 007

孔　子：学行结合 ………………………………… 009

孔　子：好之者不如乐之者 ……………………… 011

孟　子：学贵专心 ………………………………… 013

荀　子：善假于物 ………………………………… 016

荀　子：锲而不舍 …………………………………… 018

刘　向：为学三患——不习、不行、不让 ……… 020

王　充：不畏无才，难于距师 …………………… 022

董　遇：读书以"三余" …………………………… 024

颜之推：为人与为己 ……………………………… 026

韩　愈：业精于勤 ………………………………… 028

欧阳修："三上"读书法 …………………………… 031

尤　袤：书有"四当" ……………………………… 033

朱　熹：读书有"三到" …………………………… 035

王阳明：读书要有良好的心态 …………………… 037

王阳明：读书要因人而异 ………………………… 040

李光地：目过口过总不如手过 …………………… 042

曾国藩：读书要有恒 ……………………………… 044

郑板桥：善记善诵 ………………………………… 047

袁　枚：书非借不能读也 ………………………… 049

梁启超：做点课外学问 …………………………… 052

第二辑　古人读书故事

教子 ……………………………………… 057
　　孟母教子 ……………………………… 057
　　画荻教子 ……………………………… 059
悬梁刺股 ………………………………… 060
黄霸狱中学《尚书》 …………………… 062
吴下阿蒙 ………………………………… 064
夜读 ……………………………………… 066
　　凿壁偷光 ……………………………… 066
　　孙康映雪 ……………………………… 067
　　车胤囊萤 ……………………………… 068
"耕读" …………………………………… 069
　　带经耕锄 ……………………………… 069
　　负薪挂角 ……………………………… 071
"借读" …………………………………… 073
　　葛洪砍柴抄书 ………………………… 073
　　宋濂苦读 ……………………………… 074
拜师 ……………………………………… 076
　　孔子学琴 ……………………………… 076
　　程门立雪 ……………………………… 077

铁杵磨针	079
啖粥苦学	081
警枕	083
书巢	084
吃书	086
抄读	088
左思写《三都赋》	088
东坡的"日课"	089
著书	090
摘叶著书	090
蒲松龄的聊斋	091
行读	093
徐霞客：游历成书	093
顾炎武：旅行读书	095
疑书	097
李时珍：去伪存真	097
戴震：打破砂锅问（璺）到底	098
读书法	100
袁枚：分类摘录法	100
伊元复：化整为零	101

第一辑 古人谈读书

孔子：先端正态度

> 知之为知之，不知为不知，是知（通"智"）也。

这句话是孔子对他的学生子路说的，出自《论语·为政》。子路是孔门七十二贤人之一，以勇著称。孔子很喜欢这个弟子，对他的鞭策和敲打也多。这句话译过来就是：知道就是知道，不知道就是不知道，这样才是真正的智慧。

孔子告诉子路学习要老老实实、实事求是，来不得半点虚假和骄傲，这就是学习的第一步——要端正态度。法国哲学家笛卡尔说，我们知道的好比一个圆，圆里面是已知的，外面是未知的，所以你知道的越多，圆越大，未知的也越多。面对这么多未知，最好的态度便是像孔子说的那样。

学问愈深，未知愈多；越是学识渊博，越要虚怀若谷。你瞧，

古人谈读书

成熟饱满的稻穗总是低垂着头，装满了水的罐子反而不会晃荡，大自然给我们上了最生动的一课。

孔子：懂就是懂，不懂就是不懂，懂了没？

子路

孔子：敏而好学，不耻下问

> 敏而好学，不耻下问。
>
> 默而识（zhì，记住）之，学而不厌（满足），诲人不倦，何有于我哉？

第一句话是孔子对子贡说的，出自《论语·公冶长》。子贡也是孔门七十二贤人之一，他很富有，会经商。有一次子贡向孔子请教什么叫"文"，孔子说"敏而好学，不耻下问"便是。这句话的意思是：聪敏灵活又爱好学习，谦虚下问又不以为耻。

一般来说，天性聪敏的人大多不爱学习，地位高的人又多以下问（向比自己地位低或不如自己的人请教）为耻，能做到"敏而好学，不耻下问"的人，确实不简单。所以孔子认为"勤学好问"可称为"文"。中国古代的帝王、贵族或有功之臣死后，官方会根据他们的平生事迹给他们一个"谥号",比如周文王、汉文帝等,一般谥为"文"的,表示此人具有"道德博厚""勤学好问"的品德。

第二句话也是出自《论语·述而》,意思是:默默地记住(所学的知识),学习不觉得满足,教育人不知道疲倦,我做到了哪一条呢?孔子认为自己做得还不够。但正因为孔子努力学习,又如此的自谦,所以大家认为他是"圣人"。

孔子:这个同学问得好,敏而好学,不耻下问就是文。

子贡:老师,老师,什么是「文」?

孔子：择善而从，见贤思齐

> 三人行，必有我师焉；择其善者而从之，其不善者而改之。
>
> 见贤思齐，见不贤而内自省也。

孔子知学还善学，他不仅向书本学习，还善于向他人和社会学习。上面两句话分别出自《论语·述而》《论语·里仁》。意思是："三人同行，其中必定有我的老师。我选他的优点向他学习，看到他的缺点就反省自己加以改正。""看见贤人，便考虑向他看齐；看见不贤的人，便反省自己有没有类似的问题而加以改正。"这两句话便是"择善而从""见贤思齐"两个成语的来源。

孔子的确善于发现别人的长处。孔子曾对子夏（孔门七十二贤人之一）说，颜回的仁义比自己好，子贡的口才比自己好，子路的勇敢远超过自己，子张为人庄重严谨也是自己比不上的。子夏觉得孔子并没有什么特异之处，但天下的许多英才远道而来拜他为师，子夏很不理解。的确，孔子并不完美，也不是全能，但这种"择善而从""见贤思齐"的品行，又有几人能及呢？

孔子：学行结合

> 学而时习之，不亦说（通"悦"）乎？

这句话出自《论语·学而》，意思是：学习了之后，再用一定的时间去温习或实习它，不是很快乐吗？其中"习"字有不同理解，有人说是温习，杨伯峻先生认为此字还有"实习""演习"的意思。比如"习射""习礼乐"中的"习"，都是实习演练的意思。"习"的本义，是指小鸟学飞。孔子认为，学与行结合起来，是一件让人快乐的事。

学行结合，在任何时候都有很强的启发性。明代的心学大师王阳明提倡"知行合一"，现代教育大家陶行知说"行是知之始，知是行之成"，他的名字中包含着"知行合一"的意思哦。

孔子一生周游列国，正是为了说服各国的君主将其仁义礼智思想付诸实践。他有关仁义礼智的理想，不仅仅是停留在心中的一幅蓝图，他比任何人都期待将这些思想落到行动和实践中去。也正因如此，他才"知其不可而为之"，四处奔波，上下求索。

在教育弟子时，他不仅言传，更重身教。孔子每次入太庙，都会向掌管礼乐的人仔细询问。有人便说，他自己就是礼乐权威，怎么还这样？

子路听了别人的质疑和嘲笑后，也忍不住去问孔子。

孔子问子路：礼的精神是什么？

子路说：老师教过我们的，是敬。

子路忽然明白了，老师"入太庙，每事问"的做法，不正是用行动在告诉他，什么是礼，什么是敬吗？

孔子又问子路：礼到底是什么？

子路回答不出来。

孔子说：礼，是坐立进退的规矩。

礼不是一纸空文，不是枯燥的理论，它正在坐立进退的日常行为之中呀。

学以致用，学行结合，孔子用自己的行动诠释了他的思想。

孔子：好之者不如乐之者

> 知之者不如好之者，好之者不如乐之者。

孔子的这句话说的是读书的境界问题，出自《论语·雍也》。读书有三重境界：知学，好学，乐学。很显然"乐学"是最高境界。发自内心的喜爱与快乐，一定会胜过外在的强制与逼迫。

孔门七十二贤人之首是颜回，他是孔子最喜欢的弟子，孔子常常赞扬他。当听说颜回死了的时候，孔子连连说："上天要了我的命呀，上天要了我的命呀！"颜回一生追随孔子，在匡地被围时，孔子以为颜回死了，颜回恭敬地回道："先生在，我哪里敢死？"

在周游列国回到曲阜后的一天，孔子对颜回说："颜回，你家里穷，房子也小，为什么不去求一官半职呢？"

颜回说："学生有些薄田，虽然收入不多，但吃穿已经够了，而且还有琴瑟可以娱乐,只要能学到老师的道德学问,何必出去做官呢?"

孔子感慨地对学生们说:"颜回真是有贤德啊!吃的是竹箪里的饭,喝的是一小瓢水,住在那么简陋的小巷子里,别人忍受不了,他却十分乐观!他真是一个贤德的人啊!"

颜回一生淡泊名利、知足常乐,只要能追随孔子,学习老师的道德学问,他就感到无比快乐。这不正是"好之者不如乐之者"的典型吗?

孟子：学贵专心

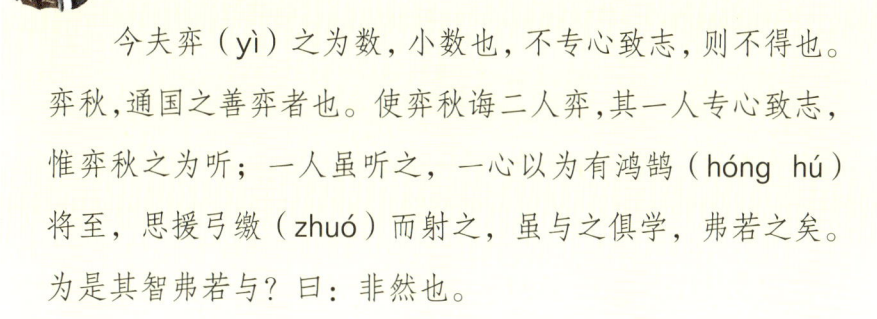

今夫弈（yì）之为数，小数也，不专心致志，则不得也。弈秋，通国之善弈者也。使弈秋诲二人弈，其一人专心致志，惟弈秋之为听；一人虽听之，一心以为有鸿鹄（hóng hú）将至，思援弓缴（zhuó）而射之，虽与之俱学，弗若之矣。为是其智弗若与？曰：非然也。

孟子很会讲故事，他周游列国，游说诸侯时，常常用一些故事去讲道理。上面这段话也是一个故事，出自《孟子·告子》，用在读书求学上很恰当。这段话的意思是：下围棋只不过是一门小小的技术，但如不专心去学，也学不到手。弈秋是全国著名的围棋高手，派他教两个学生学棋，其中一人很专心地听弈秋讲解，另一人则一边听，一边总以为有鸿鹄将至，想拉弓去射它，结果

不如那个专心听讲的学生。难道是他的智力不及那个学生吗？孟子认为不是的。差别正在于：一个能专心致志，一个三心二意。要想学有所得，专心致志是必不可少的。

专心和恒心是成就任何事业都不可缺少的，孟子还用掘井来做比喻说明这个道理。他说："有为者辟若掘井，掘井九轫（rèn，通"仞"，古时一种长度单位）而不及泉，犹为弃井也。"一个人挖井，已经挖到了九仞之深了，只差一点点就可以汲得泉水，但他如果不专心于此或是没有恒心干下去，那就等于放弃了这口井。三心二意，半途而废，就会前功尽弃，不可不慎啊。

管宁割席分坐的故事，也讲了学贵专心的道理。汉时，管宁与华歆（xīn）是同窗好友。有一天，两人同席读书，有达官贵人的车马经过。管宁丝毫没有受到干扰，专心读他的书。华歆却忍不住心里痒，跑出去看热闹，看着达官贵人的阵仗，他羡慕极了。管宁由此看出华歆并不是自己真正志同道合的朋友，便割开了席子，与华歆分开坐。当然，华歆的不专心可能也是志向和管宁并不相投，华歆追求名利，而管宁一生追求学问。别人多次举荐他，请他入朝为官，他始终不改初衷，专心向学，他用一生诠释了"专心"二字。

古人谈读书

荀子：善假于物

> 吾尝终日而思矣，不如须臾之所学也；吾尝跂而望矣，不如登高之博见也。登高而招，臂非加长也，而见者远；顺风而呼，声非加疾也，而闻者彰。假舆马者，非利足也，而致千里；假舟楫者，非能水也，而绝江河。君子生非异也，善假于物也。

这段话出自荀子的名篇《劝学》。意思是：我曾经一天到晚地冥思苦想，（却）比不上片刻学到的知识（收获大）；我曾经踮起脚向远处望，（却）不如登到高处见得广。登到高处招手，手臂并没有加长，可是远处的人却能看见；顺着风喊，声音并没有加大，可是听的人却能听得很清楚。借助车马的人，并不是脚走得快，却可以到达千里之外；借助舟船的人，并不善于游泳，却可以横渡长江黄河。君子的资质禀性跟一般人没什么不同,(只是君子)善于借助外物罢了。

荀子告诉我们,在学习中要善于借鉴,假借外物。借"登高"而"见远",借"顺风"而"闻彰",借"舆马"而"致千里",借"舟楫"而"绝江河",这样能取得事半功倍的效果。荀子是诸子百家的集大成者,这个"集大成"也说明他善于借鉴前人经验,学习他人的方法,博采众长,为我所用。

古人谈读书

荀子：锲而不舍

故不积跬（kuǐ，半步）步，无以致千里；不积小流，无以成江海。骐骥（qí jì）一跃，不能十步；驽马十驾，功在不舍。锲（qiè，刻）而舍之，朽木不折；锲而不舍，金石可镂（lòu，雕刻）。蚓无爪牙之利，筋骨之强，上食埃土，下饮黄泉，用心一也。蟹六跪而二螯，非蛇鳝之穴无可寄托者，用心躁也。

这段话同样出自《劝学》。意思是：不积累一步半步的行程，就没有办法到达千里之远；不积累细小的流水，就没有办法汇成江河大海。骏马一跨跃，也不足十步远；劣马拉车走十天（也能到达），它的成绩来源于走个不停。（如果）刻几下就停下来，腐烂的木头也刻不断；（如果）不停地刻下去，金石也能雕刻成功。

蚯蚓没有锐利的爪子和牙齿、强健的筋骨，却能向上吃到泥土，向下喝到土壤里的水，这是由于它用心专一啊。螃蟹有六条腿，两个蟹钳，但它不会打洞，如果没有蛇、鳝的洞穴它就无处存身，这是因为它用心浮躁啊。

荀子的这段话，全用比喻讲道理，读起来既形象又生动，相信没有人不喜欢。他告诉我们，学习既要从细微处用功，积少成多；又要有恒心，有毅力，锲而不舍。他还有一句名言："道虽迩（ěr，近），不行不至；事虽小，不为不成。"荀子的话，不单是教育别人用的。他自己也是这么做的，否则成不了学问大师。

哎，又一口不出水的井，不挖了！

小弟，你的毅力值（分）太低，要加分。

刘向：为学三患——不习、不行、不让

> 君子博学，患其不习；既习之，患其不能行之；既能行之，患其不能以让也。

刘向是西汉的大学问家，他一生著述很多，大家熟悉的《战国策》就是由他整理编纂的。对于治学，他有三个担忧。上面这段话的意思是：君子广泛学习后，担心他不能经常温习；温习之后，担心他不能付诸实践；付诸实践后，担心他不能谦让。

刘向也强调学习要时常温习，要付诸实践，这点和孔子是不是很相似？但他又提出，付诸实践后，就怕不能谦让，这话到底是什么意思呢？我们常说，实践是检验真理的标准，某种学说或理论一付诸实践，它是好是坏，是真是伪，大概也能看出来了。这个时候，褒贬来了，毁誉也来了，人若不能保持谦谨的心态，

很容易失去客观公正的立场。比如北宋的大改革家王安石在宋神宗的支持下发动了变法，变法的初衷是好的，但在实施的过程中的确有很多弊端，王安石在这场变革中就没能做到"不让"，甚至有些刚愎（bì，固执任性）自用了。

王安石之"不让"

古人谈读书

王充：不畏无才，难于距师

> 凡学问之法，不畏无才，难于距（通"拒"）师，核道实义，证定是非也。

这句话出自《论衡》。意思是：凡是做学问的方法，不怕没有才能，难在敢于质疑老师，核实大道，确定是非。王充在这里提出为学要敢于质疑权威，挑战传统。他是有感而发的。

王充是西汉的哲学家，当时盛行今文经学，治学的人唯师命是从，不敢越雷池半步。王充很看不惯。当时还流行谶纬之学（chèn wěi，中国古代官方的儒家神学），王充却偏偏反对所谓的"天人感应"，甚至主张无神论。在当时的时代环境中，能提出这种离经叛道的言论，真的需要极大的勇气！

亚里士多德说:"吾爱吾师,吾更爱真理。"历史上的很多突破和创新,正来自对传统的挑战,对权威的质疑。

董遇：读书以"三余"

人有从学者，（董）遇不肯教而云："必当先读百遍。"言："读书百遍，而义自见。"从学者云："苦渴无日（苦于没有时间）。"遇言："当以三余。"或问"三余"之意。遇言："冬者岁之余，夜者日之余，阴雨者时之余也。"

董遇是三国时魏国著名的学者。这段话的意思是：有人跟随董遇求学，董遇不愿意教，却说："一定要先把书读上百遍，书中之义自然领会。"求学的那个人说："苦于没有时间。"董遇说："应该利用三余时间。"有人问"三余"是什么意思，董遇说："冬天是一年之余，夜晚是白天之余，阴雨天是时辰之余。"

看来，董遇是个很善于利用时间、偷时间的人哦。如果有人再以"忙""没有时间"为借口不读书,看看董遇的"三余"说吧。鲁迅说,时间就像海绵里的水,只要愿意去挤,总会有的。

董遇"三余"读书法

颜之推：为人与为己

古之学者为己，以补不足也；今之学者为人，但能说之也。古之学者为人，行道以利世也；今之学者为己，修身以求进也。

这段话出自颜之推的《颜氏家训》，颜之推是南北朝时北朝的思想家、教育家，他的教育思想主要体现在《颜氏家训》这部名作中。这段话谈到了读书目的。颜之推认为，古时的学者学习为自己，用来弥补自己的不足；今天的学者学习为别人，只为了向别人炫耀。古代求学的人为了广利大众，推行自己的主张，以造福社会；今天求学的人是为了自己的利益，包装自己以谋求个人仕途。

这段话，放在今天仍然有很强的现实意义。

周恩来读书是为了中华之崛起,鲁迅弃医从文是为了医治人心,他们都是"为人"。宋代有人为了劝学,说书中自有千钟粟,书中自有黄金屋,书中自有颜如玉,这都是"为己"。那么你呢?

读书是为别人,还是为自己?

颜之推论为人与为己

古人谈读书

韩愈：业精于勤

业精于勤，荒于嬉（戏乐，游玩）；行成于思，毁于随（因循随俗）。

先生口不绝吟于六艺之文，手不停披于百家之编。记事者必提其要，纂（zuǎn，编辑）言者必钩其玄，贪多务得，细大不捐，焚膏油以继晷（guǐ，日影），恒兀兀（wù，辛勤不懈的样子）以穷年。

这两段话都出自韩愈的《进学解》。韩愈当时在国子监当教书先生，文中他假借国子先生之口勉励生徒好好学。他说："学业由于勤奋而专精，由于玩乐而荒废；德行由于独立思考而有所成，由于因循随俗而败坏。"韩愈认为，治学既要勤奋精进，又要有独立思考、不因循守旧的创新精神。

学生听了他的劝勉之后，很不以为意。第二段就是学生质疑先生的话，他们说"先生嘴里不断地诵读六经文章，两手不停地翻阅着诸子百家书籍。对史书典籍必定总结它的纲领，对论说典籍必定探寻它深奥隐微的意思，广泛学习，务求有所收获。不论是无关紧要的还是意义重大的，都不舍弃；点燃灯烛，夜以继日地学习，常常勤劳不懈年复一年"，但又怎么样呢？你看你头发都白了，牙齿都松了，还不是穷教书先生一个？

韩愈假借学生的质疑，写出自己勤奋治学的实情，同时也是对自己怀才不遇的自嘲。这短短的一段话中，诞生了"提要钩

韩愈在国子监授课

玄""贪多务得""细大不捐""焚膏继晷"四个成语，韩愈的语言功力之高，让人惊叹。第一段只是提出"勤"的理论，第二段简直是在描述"勤"的具体样子，这是在给不知"勤"的人做示范呀。你看他，既动口又动手，手口并用；既会抓住重点、提纲挈领，又会广求博取、细大不捐；既精通治学方法，又不忘刻苦用功，焚膏继晷，夜以继日；最重要的是，他还有恒心，他不是一曝十寒，而是年复一年地这样坚持下去。

韩愈的努力没有落空，他最终成为中国历史上著名的文学家、教育家，他是中国古代文学天团——唐宋八大家之首。他的名作《师说》《马说》也非常精彩，"是故弟子不必不如师，师不必贤于弟子，闻道有先后，术业有专攻，如是而已""千里马常有，而伯乐不常有"这两句名言，相信大家都会背。

欧阳修:"三上"读书法

> 平生惟好读书,坐则读经史,卧则读小说,上厕则阅小辞,盖未尝顷刻释卷也。
>
> 余平生所作文章,多在三上,乃马上、枕上、厕上也。盖惟此尤可以属思尔。

欧阳修是"唐宋八大家"之一,也是宋代古文运动的领袖。他不但古文写得好,诗写得好,官做得大,学问也做得好。而且,他还有乐于奖掖后进、提携人才的伯乐之心。"唐宋八大家"中的宋代五位,都与他有或深或浅的私谊。

他同样是一个时间管理大师。政务、交际、研究花草金石、写诗作文,他要做的事情很多。但对一个平生爱读书的人来说,这些都不是问题。他善于利用碎片化的时间,上面的两段话就是见证，它们出自欧阳修的《归田录》。

他说，我这辈子只喜欢读书，坐着的时候读读经史，躺着的时候读读小说（小说，指各种杂记、笔记等），上厕所时读读辞曲小令，大致没有片刻是放下书卷的。他在不同的情境下，读的书是不同的。正襟危坐的时候，读经史这类大部头典籍。躺着休息时，他读读野史笔记。最有意思的是，他如厕时居然还在读书，只读些比较短小、轻松的诗词而已。

他又说，我平生所写的文章，大部分是在"三上"完成的，就是马上、枕上、厕上。大概只有在这些时候特别适合构思布局吧。他可不是闭门苦思，寻章觅句，而是在行旅途中，在休息入睡之前，在如厕之时，抓住一切碎片化时间进行构思。

晚年他自号"六一居士"，看看是哪六个一呢？"吾家藏书一万卷，集录三代以来金石遗文一千卷，有琴一张，有棋一局，而常置酒一壶"，再加上他这个老翁。一万卷私人藏书，一千卷金石遗文，他怎么读呀！看看他的"三上"读书法，或许会找到答案。一张琴、一局棋、一壶酒，他不但会学，也懂得劳逸结合哦。

我平生写文章，多在马上、枕上、厕上。

欧阳修"三上"读书法

尤袤：书有"四当"

> 饥读之以当肉，寒读之以当裘，孤寂而读之以当友，幽忧而读之以当金石琴瑟也。

南宋诗人尤袤与陆游、杨万里、范成大并称"中兴四大家"，他是一个爱读书也爱抄书的人。对他来说，读书有"四当"：饿了可以当肉，冷了可以当衣服，孤独时可以当朋友，忧伤时可以当钟磬琴瑟。

清人叶昌炽对此很有感触，写下"饥当肉兮寒当裘，足消孤寂遣幽忧"的诗句。清末民初的藏书家章钰还以此为座右铭，将自己的书斋命名为"四当斋"。

古人谈读书

又饿又冷!

古人没骗我,书可以当肉啃!

尤袤论书有"四当"

朱熹：读书有"三到"

余谓读书有三到，谓心到、眼到、口到。心不在此，则眼不看仔细，心眼既不专一，却只漫浪诵读，决不能记，记亦不能久也。三到之中，心到最急。心既到矣，眼口岂不到乎？

在中国古代文化名人中，对读书方法谈得最多、体系最完备的，应该是朱熹。他学识渊博，经、史、文学、乐律无所不通，甚至在自然科学方面也多有研究。他四岁时，父亲指着太阳跟他说：这是太阳。他问，太阳附在哪里呢？父亲说，太阳在天上。他又追问，那天又在哪里呢？这下可把他父亲问住了。

父亲见他自幼便有强烈的好奇心和求知欲，觉得这是一棵读书的好苗子，在他小时候就带他四处拜访名师，读书求学。

他说，读书有三到，即心到、眼到、口到。心思不在书本上，眼睛就不会仔细看，心和眼既然不专心一意，只是随随便便地读，那一定不能记住，即使记住了也不能长久。三到之中，心到最要紧。心已经到了，眼口难道不会到吗？心到，就是读书要全神贯注、凝神专一。有口无心，读了也是白读，所以"三到"之中，"心到"最重要。

朱熹论读书有"三到"

王阳明：读书要有良好的心态

> 且如读书时，良知知得强记之心不是，即克去之；有欲速之心不是，即克去之；有夸多斗靡之心不是，即克去之。如此，亦只是终日与圣贤印对，是个纯乎天理之心。任他读书，亦只是调摄此心而已，何累之有！

王阳明是明代著名的思想家、教育家，是中国儒家思想史上不世出的贤人大儒。他家世良好，父亲官至吏部尚书。他生而不凡，母亲怀了他十四个月才分娩，他五岁时仍不会说话，但已默记了祖父所读过的书。十二岁读书塾时，与书塾先生讨论何为天下最要紧之事，他说"科举并非第一等要紧事"，天下最要紧的事是读书，做一个圣贤。

他少年时很叛逆，常常帮同学作弊，带同学逃课，和先生抬杠。父亲很生气，有一次当场揪住儿子一顿暴打，由于下手太狠，招来好些百姓围观，大家这才明白：原来状元郎家打孩子，也和咱们一样啊！王家为此贡献了一个歇后语：状元家打孩子——一样儿！

但他父亲终究不是常人，他看出这个叛逆的儿子身上藏着巨大的潜力，相信他根基不坏，如是便开始"溺子"。儿子要看闲书，他想方设法搜罗；想学武，他花钱请最好的老师。总之要让儿子自由生长。

王阳明是个天才不假，但也是个勤奋的天才。他有很多读书心得，大概也是在长期的读书治学实践中得来的。

上面这段话强调的是读书心态问题，出自《传习录》。意思是，在读书学习时，那些勉强死记硬背的"强记之心"，急

王阳明论读书"三戒"

于求成的"欲速之心",自我炫耀的"夸多斗靡之心",都不是良好的学习心态,要马上加以克服。如果心态好,能达到贤者的心境,无论读什么书、求什么学,不仅能聚精会神,还能体会到自由自在、无所不通的感觉。若是这样,读书就不会有任何压力或疲累之感了!他这种境界实非常人所能达到的,哪怕只学到其中一点,也会受益无穷吧!

古人谈读书

王阳明：读书要因人而异

我辈致知，只是各随分限所及。今日良知见在如此，只随今日所知，扩充到底；明日良知又有开悟，便从明日所知，扩充到底；如此方是精一工夫。与人论学，亦须随人分限所及。如树有这些萌芽，只把这些水去灌溉，萌芽再长，便又加水，自拱把以至合抱，灌溉之功，皆是随其分限所及。若些小萌芽，有一桶水在，尽要倾上，便浸坏他了。

这段话出自《传习录》。意思是，我辈求学，都是各随能力的限度而进行的。今日有所知，理解透彻；明日又有所开悟，再从明日所知来加以理解，日复一日，必有精进。和别人切磋学问，亦要随个人的能力限度来进行。这就好比树苗，每日浇水，长了之后，再浇水，这样才能从两手合围长成到两臂环抱的参天大树。灌溉之功，要视树苗的情形而定，如果一桶水一下子全浇上去，反而会把小树苗浇坏了。

　　王阴明认为每个人的接受能力是有限的，有区别的。读书求学应该根据每个人的具体情况加以灌输，如果急于求成，只会适得其反。就像一棵小苗要长成参天大树，不能一下子把水浇得太多，浇得太多反而会把小树苗给灌死了。想想那个拔苗助长的笨蛋，就明白这个道理了。为人父母者，不可不慎。

王阳明论读书因人而异

李光地：目过口过总不如手过

> 凡书，目过口过总不如手过，盖手动则心必随之，虽览诵二十遍，不如钞撮（cuō，摘取）一次之功多也。况必提其要，则阅事不容不详；必钩其玄，则思理不容不精。

李光地是清代康熙朝的重臣，也是大学者。在古代臣子中，能像他这样与君王相惜相知的人没有几个，康熙帝说他们俩"义虽君臣，情同朋友"。作为康熙帝极其倚重的臣子，他举荐施琅，帮清廷收复台湾；他治理黄河水患，造福百姓。作为一个大学者，他一生著述非常多，从他的谥号"文贞"中的"文"字可以看出来。一个日理万机的臣子，哪里来的精力做学问呢，还做得那么好？

关于读书治学，他有自己的心得体会。朱熹说过口到眼到不如心到，李光地一生尊奉朱熹的学说，他却认为口过眼过不如手过。他说:"凡是读书,目看口诵都不如手抄,大致是手动了心也会跟随它,即使看或读二十遍,也不如摘抄一次的功用。更何况,要想提取要领,读的时候就容不得不仔细;要想探求精深,思考的时候就容不得不周密。"

他强调读书要善于摘抄,而且这个摘抄是建立在提取要领、思考精深的基础之上的,不是一味照搬。俗话说:"好记性不如烂笔头"。手抄是动手也动脑的结合,不失为一种好方法。

目过口过不如手过

古人谈读书

曾国藩：读书要有恒

> 学问之道无穷，而总以有恒为主。……虽极忙，亦须了（liǎo）本日功课，不以昨日耽搁而今日补做，不以明日有事而今日预做。

曾国藩是"晚清第一名臣"，有卓越的政治和军事才能。文才也十分了得，古文和诗都写得极好，他编选的诗歌和古文选本成了经典。他学问也做得好，对程朱理学既深有心得，又身体力行。他很注重家风传承，你可能不知道曾国藩有哪些具体的丰功伟绩，但提起《曾国藩家书》，几乎是妇孺皆知。

有人说中国古代只出了二个半圣人，其中的半个便是曾国藩。立德、立功、立言他都做到了。成大功的人，背后都有各种原因。对曾国藩而言，"有恒"一定是其成功的因素之一。他一生做人、做事、做学问都贯穿了"有恒"二字。

他家世一般，资质也一般。据说幼时读书，一篇短短的文章，他几个小时都背不下来，而躲在房里的小偷都听得会背了。小偷藏在屋梁上，本想等他背完书离开后就下手，结果这小儿太笨，让他一等就等了几小时。

他考了三次科举，才中进士。第二次科考落榜后，他在京城逗留了几日，连返乡的盘缠也没有了。同乡借给他一些银子，他却全部用来买了一套爱不释手的二十四史。他不是天才，却从没有放弃真正喜爱的东西，这也是"有恒"的表现之一吧。

曾国藩夜读

他曾说:"做学问的方法无穷无尽,但以有恒为主。……即使很忙,亦一定要完成今日的功课,不要因为昨天耽误了今天去补做,不要因为明天有事今天提前去做。"每天必须不折不扣地完成自己制订的学习计划,今日事一定要今日毕,今天去补做昨天耽误了的功课不行,今天提前做明天可能完成不了的功课也不行,这简直近乎严苛了。这不但需要恒心,还要有超常的毅力。

曾国藩给自己订下每日必做的事有:静坐、读书、写日记、做诗文、临摹、偶谈、专谈、谨言……他以极其"克己"的精神,奉行自己订下的日课,风雨无阻,从未间断。当然,这些日课都是在公务政事之余去做的,这更显得他的"有恒"非常人能及。

郑板桥：善记善诵

> 人咸谓板桥读书善记，不知非善记，乃善诵耳。板桥每读一书，必千百遍。舟中、马上、被底，或当食忘匕箸，或对客不听其语，并自忘其所语，皆记书默诵也。

郑板桥是清代著名的书画家。他以画竹闻名，"千磨万击还坚劲，任尔东西南北风"是他写竹的名诗。他的书法自成一体，是无古无今的独创，"难得糊涂"四个字让历来的书法家赏叹不已。"三绝诗书画，一官归去来"，其实他也曾做过近十年的县令，是个仁政爱民的清官，"些小吾曹州县吏，一枝一叶总关情"是他的为官宣言，民间流传着很多郑板桥当官时的故事。

他的父亲是个教书先生，对他寄予厚望，在父亲的启蒙下，郑板桥八九岁就能写出像模像样的文章和对子了。后来又师从乡贤陆震。这个人才情高、见识高，但性情孤僻，郑板桥跟随他学了很多年，可以想象他受到的影响之大。

他因母亲早逝，自小脾气有些怪。又因长得丑，过于自负，脾气暴躁，长辈对他很反感，小伙伴也不跟他玩，他简直是个不良另类少年。也许是过于孤独或内心敏感，他喜欢在书本中寻找知音和慰藉。他每读一书，必千百遍。有时因为读书入神，吃饭时忘了拿勺子筷子，别人跟他说着话，他根本不知道对方在说什么，有时甚至忘了自己说的话，因为他已完全沉浸在自己的书本记诵中，忘了周围的世界。上面那段话说郑板桥善记不假，但用"沉浸式读书"或"痴迷"来形容他恐怕更恰当。

舟中、马上、被底、古庙，都是他的读书之地。尤其是古庙，他有时与少数几个伙伴谈文于古庙中，至半夜三更还不离去。他们骑在石狮子背上，纵论古今天下事。有时他一个人在古庙里，煮点粥，烧点豆子，以豆下粥，吃饱喝足后，挑灯夜读，乐此不疲。

郑板桥读书废寝忘食

袁枚：书非借不能读也

书非借不能读也。子不闻藏书者乎？《七略》《四库》，天子之书，然天子读书者有几？汗牛塞屋，富贵家之书，然富贵人读书者有几？其他祖父积、子孙弃者，无论焉。非独书为然，天下物皆然。

袁枚出生在康熙年间。他是不拘格套、独抒性灵的诗坛宗主；是美食家和资深吃货，有《随园食单》流传于世；是好游山玩水的驴友和山林散客。

他出身书香门第，几岁时就对历史古事很感兴趣，进私塾后又学习经书。他少时最大的兴趣，就是游走在林立的书肆间，畅游书海，简直是天生的读书种子。他12岁时就和教他的40多岁的老师一起考中了秀才。首次考进士失利后，他知道自己的"时文"（即八股文）没学好，便专攻时文，还总结出一套经验和诀窍，后来一考便中。

他当过官，但不屑于做一个小小的俗吏，他决定顺着自己的天性，辞官归去，买下随园，用心经营。

随园四季之景极美。山上高处筑江楼，低处置溪亭；山涧上架小桥，河流中添小舟；水中养莲，山坡种树植竹。随园建筑尽得山水造化之妙，有尺幅千里之势，于有限的空间中给人无限的驰骋怀抱之思。城里城外的人纷纷慕名前来，他们既是随园的游客，也是随园声名的传播者。

更重要的是，那里有文化气息。做一个商人不难，但做一个

袁枚的藏书阁

儒商，并不是人人都能办到的。袁枚以得天独厚的文学才华和诗坛宗主的地位吸引着一批批文人骚客或达官贵人。他还在随园修建了多个藏书堂，网罗天下好书，多达四十万卷，称得上私人藏书之翘楚。很多人慕名来借，他那句名言"书非借不能读也"便来源于此。晚年他又将所藏之书散去十之六七，惠及他人。

为什么"书非借不能读也"？听听他的解释。他说："书不是借来的就不会好好读。你没听说过那些藏书者吗？《七略》《四库》，这是天子的书，但天子中有几个人读书？汗牛塞屋，数量极多，这是富贵人家的书，然而富贵之人中有几人读书？其他像祖辈积累、子孙辈丢弃的，就更不用说了。不只是书这样，天下之物都如此。"

也正是看准了读书人的心态，他才专门建藏书堂，供别人借阅，顺便也为自己经营生活提供了一定的来源。不得不说，他是很有经商头脑的聪明文人。

古人谈读书

梁启超：做点课外学问

> 学生做课外学问是最必要的，若只求讲堂上功课及格，便算完事，那么你进学校，只是求文凭，并不是求学问，你的人格，先已不可问了。

这段话中，"学生做课外学问"，不一定专指读书，比如观察、试验、社会实践等都是课外学问，但读课外书，应该是课外学问的一部分。梁启超认为，读书学习不只是为了功课及格或是考个好成绩。学是为了求真正的学问，这个学问不仅是应考的死知识，还包括立身处世的品德修养。如果读书仅仅是为了获得一纸文凭，这样的人，在人格上首先已经不合格了。

读书求学不能太功利，梁启超对子女的教育特别强调先学会做人，也重视情感教育，最后才是智育，或许这正是他教育的九个儿女都获得成功的重要原因吧。

第二辑

古人读书故事

教 子

有人说:"那双推动摇篮的手,也在推动着人类的未来。"妈妈对孩子的重要性不言而喻。历史上有很多贤明的母亲,有的青史留名,有的虽然湮没在历史长河之中,但依然难掩其母性的光辉。

孟母教子

古代蒙学经典《三字经》中有几句话:"昔孟母,择邻处。子不学,断机杼。"它讲的是孟母教育孟子成才的故事。

孟子是母亲一手养大的。他小时候比较贪玩,和小朋友一起玩的时候总是有样学样。孟家原本靠近墓地,他便总是和小孩子一起跑到坟地去玩游戏,有时还学着大人的样子挖坑埋死人。孟母看见后,心想:"这里不该是我带着孩子居住的地方啊!"于是她将家搬到离墓地较远的一个街市。街市中店铺林立，人来人往，异常热闹，这下小孟子可乐坏了。他跑到街市上去凑热闹，还学着商人的样子叫卖。孟母再次感叹，这不是孩子居住的地方。既然小孩子爱模仿，就带他到一个适合模仿的地方去吧。于是，她将家搬到了一所学堂旁边。在这个地方，小孟子果然跟着模仿起祭祀、作揖进退等礼仪规矩。孟母见后非常高兴，说："这才是适合我带着儿子居住的地方啊！"这就是"孟母三迁"的故事，看来孟母很懂得利用环境的熏陶来教育孩子。

　　孟子进学堂不久，又不好好学了，还经常逃学。有一天，孟母正在家中织布，忽然看见孟子推门而入。这个时候应该还没有

放学呀，孟母知道儿子又逃课了。她严厉地看了小孟子一眼，没说一句话，却拿起一把剪刀，走到织机旁，将正在织的丝线全剪断了。孟子见状，惊慌地问母亲为什么要这样做。孟母说："孩儿呀，你中途逃学，不思长进，将来不正和这剪断的丝线一样吗？终究织不成布啊！"孟子听后，默默不语，他明白了母亲的良苦用心。

画荻教子

前面我们已经读过欧阳修的"三上"读书法了。与范仲淹一样，每个成功成名的人背后，都藏着一段默默流血流汗的历史。欧阳修的卓绝离不开他的刻苦自学，更离不开他贤明的母亲。

欧阳修幼年丧父，父亲为官清廉，去世后没给家中留一间房、一亩地。母亲只好带着两个孩子去投靠一个远方的叔叔。叔叔家中也不宽裕，而寄人篱下的生活本来就不好过。

欧阳修到了上学年龄，因家中没有多余的钱财，母亲也不想给别人增加负累，故决定自己教育启蒙儿子。当时城外河畔，生长着一大片荻草，荻草的茎秆坚韧如木。因无钱买纸墨，母亲便把年幼的欧阳修带到河边的沙滩上，折来荻秆作笔，以沙滩为纸，教他识字写字。这便是"画荻教子"的故事。

当母亲的教育已经无法满足欧阳修的求知欲时，他就向有钱人家借书来读。几年后，欧阳修已经熟读了四书及其他典籍，为他日后的学问文章打下了坚实基础。

古人谈读书

悬梁刺股

悬梁刺股是一个成语,用来形容人刻苦学习。此成语与两个人有关,一个是苏秦,一个是孙敬。

苏秦是战国时期的人,当时战国七雄逐鹿中原,有点才华的人都想在这个大舞台上一展身手,因此而诞生了很多游说家。年少的苏秦也想当一个游说家。他先是跑到实力很强的秦惠王那里游说,但秦惠王对这个名不见经传的年轻人很不待见,认为他羽翼未丰就想借一张巧嘴成功成名,实在可笑。苏秦在这里等了一年多也没受到重用。他带的盘缠都花光了,衣服也破破烂烂的,只好狼狈地回了家。

回到家后,妻子和嫂子都对他冷嘲热讽。他意识到自己若没有真才实学,没有过人之处,是不可能出人头地的。自此后,他便发愤读兵书,夜以继日。有时实在是太困了,头一歪便扑在桌上睡着了。这样下去,自己的雄心壮志恐怕很难实现。为了让自己保持清醒,每当困倦至极时,他便拿一把锥子扎自己的大腿,强烈的疼痛感让他变得清醒,他又接着攻读下去。后来,他终于成了优秀的游说家,一度还身佩六国相印。

孙敬是东汉的政治家。他少年时勤奋好学,常常闭门苦读,不分昼夜,人称"闭户先生"。读得太久了,难免疲累。为了不影响自己读书,他找了一根绳子,将绳子的一头绑在房梁上,一头绑在自己的头发上,每当困倦打盹低下头来的时候,绳子就会扯住他的头发,扯得他头皮很痛,但人也因此而清醒了。就这样他继续读下去,一直到完成当日的计划。

他们两人读书的方法或许有些不太科学,毕竟人也是需要休息的呀,过于疲劳也未必会有效率,但这种为达目的誓不罢休的坚强意志令人钦佩。

苏秦刺股

古人谈读书

黄霸狱中学《尚书》

　　黄霸是西汉人，少年勤学，二十多岁便考中进士，后来因在地方官任上政绩突出，被召入朝中做京官。

　　汉宣帝即位后，想为汉武帝建一座庙堂，以颂扬汉武帝的功德。群臣都揣测宣帝的心思，莫不附和，只有夏侯胜一人认为汉武帝虽然在开疆拓土上有大功，但也因此劳民伤财，现在正需休养生息，不适宜大兴土木。汉宣帝很生气，但夏侯胜坚持直言进谏。

　　朝中大臣联名弹劾夏侯胜，说他大逆不道。黄霸认为夏侯胜的进谏很有道理，拒绝在联名名单上签名。结果两人都被捕入狱，还被判了死刑。

　　两人在牢中关了很久，也没见行刑，可能汉宣帝自己内心也很矛盾。夏侯胜是当时的经学大师，黄霸一直想拜他为师。见此情形，他诚心提出向夏侯胜学习经术。

　　夏侯胜因直言进谏、尽人臣之道反被下狱，有些心灰意冷。

黄霸狱中学《尚书》

他以已获死罪、别无他想为由拒绝了黄霸的请求。黄霸引用孔子的话说："朝闻道，夕死可矣。"一个人只要一心求道，任何时候都不晚。如果能求得真道，即使马上死去又何足惜？

他的一席话，让夏侯胜内心非常震撼。自此，他便教黄霸学习《尚书》。黄霸学而不厌，而且两人在相互切磋的过程中，夏侯胜自己也悟出了很多新的道理。黄霸在狱中最终学通了深奥难懂的《尚书》。

几年之后，因天降大灾，全国多地发生地震。为了缓和社会矛盾，避免社会动荡，同时宣扬皇家的恩德和仁慈，汉宣帝下令大赦天下，黄霸和夏侯胜也在被赦之列。被赦免后，汉宣帝还重用了两人。

吴下阿蒙

三国时期,东吴有一员猛将叫吕蒙,他十五六岁时就随姐夫邓当跟随孙策南征北战。他曾随周瑜参加赤壁之战,击败曹操,后来又在荆州擒拿了关羽。

吕蒙少年时不爱读书,孙权见他是个难得的将才,经常会开导他,劝他多读书。一次孙权对他和蒋钦说:"你们如今都身居要职,掌管国事,应该多读读书。"吕蒙推托说:"军营中事务繁多,哪里还有时间读书。"孙权很耐心地说:"我又不是让你们去钻研经书做博士,只不过叫你们多看些史书,了解一些过去的经验罢了。你们说很忙,谁能忙得过我呢?我少年时就读过《诗经》《尚书》《礼记》《左传》《国语》,只是没读过《周易》。自我承担国务以来,又挤出时间来,读了'三史'(《史记》《汉书》《东观汉记》)及各家兵法,觉得大有收获。你们二人,天性颖悟,学了一定会有收获,怎么可以不读书呢?应该先读《孙子》《六韬》《左传》

《国语》以及'三史'。孔子曾经说过：'整天不吃、整夜不睡地空想，没任何用处，还不如去学习。'从前光武帝率军队四处征战，仍然手不释卷。曹孟德也称自己老而好学。你们为什么不能勉励自己呢？"

吕蒙听后很惭愧，下定决心自此以后好好读书。一旦下定了决心，他读起书来异常勤奋。他克服了军务繁忙等种种困难，学的知识日益丰富，甚至连一些老儒生也赶不上他了。

鲁肃以往总爱拿吕蒙打趣，他接替周瑜掌管吴军，在上任途中经过吕蒙驻地时，决定会会这个老朋友。席中二人纵论天下事，吕蒙流露出的一些真知灼见，让鲁肃暗自吃惊。他忍不住用手抚着吕蒙的后背，感慨道："我原以为老弟只有武略而已。时至今日，才知你学识渊博，已经不是原来的那个吴下阿蒙了！"吕蒙也没谦虚，有些自得地说："士别三日，即当刮目相看！老兄您见事还是太晚了呀！"

后来吕蒙又问他将怎样对付关羽，关羽有英雄之气又好学不倦，没有好的计策是无法战胜关羽的。鲁肃据实相告，听完鲁肃的想法后，吕蒙觉得不妥，他为鲁肃筹划了三个方案，鲁肃非常感激地接受了。

吴下阿蒙

夜 读

古时可没有电,他们夜晚照明全靠油灯烛光。但有些人连灯油也买不起,那些苦于光阴太短而想夜以继日读书的人,该怎么办呢?他们有自己的穷办法。下面便是几位古人借光夜读的故事。对那些立定志向求学的人来说,没有什么困难是克服不了的。

凿壁偷光

匡衡是西汉时著名的经学家。他父母都是贫苦的农民,但他自幼喜欢读书。白天他要帮父母干活,夜晚才有空读书。因家里太穷,根本没有钱买灯烛,他心中甚是惆怅。一晚,他忽然发现自家裂了缝的墙壁上透出了一缕微弱的光,那光来自隔壁一户富有的人家。这一发现让他欣喜异常,他终于可以在夜间继续读书啦!他找来一把凿子,将自家墙上的那条裂缝凿大了些、宽了些,

这样透过来的光也亮多了。自此后,他每晚就着隔壁家漏出的光勤奋攻读。坚持数年之后,学问大有长进。他后来官居丞相,被封为安乐侯。

孙康映雪

孙康是晋代人,因家境贫寒,上不了私塾。他只能白天干活,夜晚自学。家中的灯油常常供应不上,有时他只能白天抽空看,夜晚躺在床上回顾或背诵白天所学,但有时卡壳了,想打开书本一探究竟,却实在是没有灯油可点。就在这种情形下,他一路走来。一个冬夜醒来,他感觉屋内比往日亮堂多了。他非常纳闷,披了件衣服,推开房门一看,但见外面下了场厚厚的雪。大雪覆盖了房屋、大地，真是一个银装素裹的世界！他欣喜地拿出一本书来，走进雪地里，发现在雪光的映照下，书本上的字也依稀看得清！

这可是天然的光啊！有了这个发现，他顾不上冬夜的寒冷，夜夜在雪地里读书。手冻僵了，脚冻麻了，他也全然不觉。他甚至希望这样的雪一直能够停留，一直照亮他这个隐秘的读书世界。

车胤囊萤

车胤是东晋时候的人。他曾祖父曾做过太守，但到他这辈时，家道已经中落。他自幼勤学，但因家贫，无法提供灯油。冬夜可以映雪夜读，夏夜呢？看看车胤是怎么做的吧。

每到夏夜，萤火虫在空中飞舞，它们身上自带着微微的光，看起来很美。车胤便和小伙伴捉来萤火虫，放进白色薄纱做成的袋子里。袋子里的萤火虫放得多了，光也自然强了些，甚至可以照亮书本。车胤便以此为灯，在夏夜里读书。

后来车胤被桓温征辟出来做官，他以渊博的学识、风雅的谈吐，很得当时名士的推崇。当时每有盛会，必邀请他来，如果他不来，人们都会说："无车公不乐。"后来他官至吏部尚书。

"耕读"

古人常常说"耕读传家",意思是既要懂得劳作,以养家糊口;又要懂得读书,以知书达理、修身养性。但我们这里说的"耕读",是指在辛苦劳作的间隙,抽空苦读。这里的"耕",不仅仅指稼穑耕种,还泛指一切农事劳作哦。

在农事劳作中不忘读书的事例很多,古人为了求学,真的很勤奋,很励志。

带经耕锄

有个成语叫行常带经,意思是行走时还带着经书,比喻刻苦攻读,一心向学。它出自《史记·儒林列传》。原文如下:

> 儿宽贫无资用,常为弟子都养,及时时间行佣赁,以

给衣食。行常带经，止息则诵习之，以试第次，补廷尉史。

这段话的意思是：倪宽（儿姓，后来变成倪姓）因家贫没有资财，常常给学生们当厨工，有时还偷偷外出（闲行）受雇于人（佣赁），以供自己的衣食之需。他外出时常常带着经书，一有空闲就朗读温习。（后来他参加科考，）依照考试成绩的名次，他补了廷尉史的缺官。

《三国志·魏书·常林传》注引《魏略》中有一则这样的记载：

林少单贫。虽贫，自非手力，不取之于人。性好学，汉末为诸生，带经耕锄。

这段话的意思是：常林少时孤贫。虽然很贫穷，但不是亲手劳作获得的果实，他不会向别人索取。他天性好学，常常在耕种劳作时，带着经书抽空学习。

此外，《晋书》中记载，皇甫谧也曾带经耕种，经常是放下锄头就读书，后来他广泛地通晓了诸子百家的典籍。但他年轻时整天不务正业，一直到20岁左右还是个浪荡子。他母亲含泪教导他后，他忽然醒悟，成了"浪子回头金不换"的典型。他博览群书后，不但精通文学，还精通医学，他写的《针灸甲乙经》是我国古代第一部有关针灸的典籍。

负薪挂角

《三字经》中有两句:"如负薪,如挂角。身虽劳,犹苦卓。"负薪挂角也是一个成语,用来形容人刻苦攻读。负薪的典故出自汉代的朱买臣,挂角的典故出自隋朝的李密。

负薪,即背着柴草。朱买臣家里很穷,为了维持生计,他每天都得上山砍柴。他很爱读书,又心存大志,只是苦于没有机会。他常常背着柴,一边走一边高声诵读。他的这一行为,不但路人觉得奇怪,就连他的妻子也看不惯。后来他的妻子因为忍受不了他的穷酸样,离他而去,再嫁他人。朱买臣劝他的妻子,说他在五十岁的时候一定能当上太守,现在他已经四十多岁了,再忍耐些时日就好了;可是他的妻子根本听不进去。后来朱买臣终于在五十岁时当了太守!

朱买臣休妻

在他回乡之日，他的妻子很后悔，跑过来跟他求情，希望能重归于好。朱买臣说泼出去的水，怎么能收得回来呢？这就是"覆水难收"一词的来源。唐朝大诗人李白受召入长安时，曾"仰天大笑出门去"，还说了一句"会稽愚妇轻买臣"，用的就是这个典故。

挂角，即将书挂在牛角上。李密少年时在隋炀帝宫中当侍卫。他生性灵活，值班时总喜欢左顾右盼，一副心不在焉的样子。有次隋炀帝发现了，认为他很不老实，就免了他的差事。李密回家后，决定发愤攻读，做个有学问的人。甚至在出门看朋友时，也会在牛角上挂上一本《汉书》，边骑牛边读书。在隋末唐初群雄逐鹿的时候，他一度成为瓦岗军的领军人物。

"借读"

古代很多有志向的孩子立志读书,却没有书读。为了能读到更多的书,在无钱买书的情况下,他们只能借书来读。所以,这里的"借读"是指借书而读哦。

葛洪砍柴抄书

葛洪是东晋时的思想家和医学家,他的医学知识之丰富,在东晋士林中绝无仅有。

他十三岁时丧父,家里很穷。家里的生活重担都落在他的肩上,他不得不自己耕种。他不喜欢下棋博弈之类的休闲,也不喜欢挽弓习射之类的武学,生性落落寡合,却嗜书如命。祖上留下的一些书在战火中遗失,他想读书有时竟无书可读。无奈之下,他只能背着空箱,四处借书。借的书总是要还的,为了在归还之后还能继续钻研，他只能抄录。一有闲暇，他就上山砍柴，换来纸笔，以供抄书。

宋濂苦读

宋濂是明代著名文学家，曾被朱元璋聘请担任"五经"师。他在《送东阳马生序》这篇名作中讲了他幼时读书的情形。大意是他年幼时酷爱读书，但家中太穷无法买书，便只好向有书的人家去借，借来后再抄写，抄完后按约定的日子归还。大冷天里，砚台结了冰，手指冻僵了，还是赶着抄，就是为了按约定的期限把书还回去。因为这样，当时人大多愿意把书借给他。

宋濂苦读

后来他又四处求师，背着行李箱，在深山中行走。寒冬时节，脚冻得开裂了都不知道。到了客栈，主人供给他简单的吃食，他毫不在乎。别的人衣着光鲜，他穿着破旧的棉袍处在他们中间也不觉得寒碜。对于他来说，读书求知是最令人快乐的事，衣着饮食不如别人，他从没有自惭形秽。

拜 师

俗话说"师父领进门，修行看个人"，虽然修行好坏最终取决于自己，但领进门的师父也很重要。越优秀的人，越想接近更优秀的人。古代人为求良师，或谦恭有加，或吃尽苦头。

孔子学琴

孔子自己有弟子三千，贤人七十二，是名副其实的名师。但他知道人这一生，生有涯而知无涯，为求新知，他常常择其善者而从之。

师襄是当时著名的琴师，孔子很想拜他为师，跟他学琴。师襄得知孔子前来学艺，非常高兴。他向孔子弹奏了一曲，想听听孔子对这首曲子的理解。孔子讲了自己的看法，师襄觉得他的悟性超常，堪称知音，便留孔子在家中，指导他琴艺。孔子得到指点后，进步很快。

一天，师襄教了孔子一支曲子，孔子废寝忘食地练了三日，到第四天时，他已经练得很熟了。师襄听后，认为他可以学新曲子了。但孔子认为自己没有弹出这首曲子的神韵，技巧也不足，想多练几天。

又过了三天，孔子已经弹得很好了，师襄听后认为他已经弹出神韵来了，但孔子仍然想继续练习。到了第十天，孔子再弹这支曲子，师襄认为孔子的领悟已经超过了自己。孔子这时感叹道："志向高远，胸怀天下，这首曲子的意境我现在才算领悟了。除了文王，还有谁能作出这样的曲子呢？"他向师襄求证，师襄告诉他，此曲正是文王所作的《文王操》。孔子通过琴曲悟到了周乐的精义，这点让师襄自愧不如。

程门立雪

杨时是北宋的理学家。他先是和好朋友游酢（zuò）一起，师从当时名声很大的理学家程颢。后来他高中进士，被朝廷任命去做官，他以求学未成而拒绝了。当他学成回乡时，程颢对他说："我的学问可以传到南方了。"

四年后，程颢病逝。杨时一心想将老师的学问发扬光大，但深感自己所学不精，便下决心拜程颢的弟弟程颐为师。当时正值冬季，他和好友游酢一路风尘来到程颐的住处，却见程颐正在小憩。两人不敢打扰，只能站在门外耐心等。

不久，下起了大雪。两人一直站在雪中，一动也没动。程颐醒后，发现门外站着两个"雪人"，连忙将他们请进门。得知两人的来意后，程颐非常感动。两人自此跟着程颐研学，也都成了学识渊博的大学者。

程门立雪

铁杵磨针

李白是个天才诗人,是个浪漫得似乎不属于这个人间的诗人。在一般人心中,这样的天才可能和勤奋不搭边,但这是你对李白的误解。他的天才背后,隐藏着常人难以企及的勤奋。

李白的父亲是个商人,商人在当时地位是不高的,所以他一心希望儿子能好好读书。李白也确实异于常人,他5岁就能推算年月,10岁读遍了四书五经,15岁就写得一手好文章……在四川家乡那个小地方里,他已经是出类拔萃了。他生性不羁,爱幻想,一度为自己的所学而沾沾自喜。

一次在耳山溪边游玩时,他看见一个老婆婆在溪边的石头上磨着一根铁杵。他非常纳闷,问老婆婆磨这个做什么。老婆婆说:"我要磨根绣针。"这么粗的一根铁杵要磨成细细的针,难度可想而知。李白表示不解,但婆婆说:"只要功夫深,铁杵磨成针。"听闻此话后,少年李白似有所悟。

李白在蜀中遍访饱学之士,阅读了很多罕见的书籍,也寻访了很多名山胜景。一次到了匡山,他感觉那里环境清幽,人迹罕至,是个适合读书清修的好地方。他请人在山上搭起了一间草庐,专心读书。看来,天才果真是百分之九十九的汗水加上百分之一的灵感呀。

铁杵磨针,也许只是一个传说。还有一个"磨穿铁砚"的故事。故事的主角是五代时的桑维翰。据说李白因父亲是商人,无法参加科考。而桑维翰因为姓"桑",被主考官认为不吉利,三考进士都不中。有朋友劝他投靠权贵以求举荐,桑维翰心中不服。

回到家后,他叫人做了一方铁砚台,并对劝他的人说:"要我死了考进士的这份心,除非把这个铁砚磨穿。"最后他还是考中了进士。后来"磨穿铁砚"就演化成了励志勤学的成语。

铁杵磨针

啖粥苦学

范仲淹是北宋著名的文学家,相信很多人都知道那篇《岳阳楼记》,也会背那句"先天下之忧而忧,后天下之乐而乐"。他也是政治家,在北宋武将奇缺的情况下,他因有治军才略而被派去戍边西北。西夏人很尊敬他,称他为"小范老子"。

范仲淹出身贫苦,两岁丧父,母亲改嫁他人,他也改姓朱。可能这种特殊经历,让他渴望自立,因而他读书特别勤奋。十几岁时,他离开朱家,住进长山醴泉的一个僧房里,在那里昼夜苦读。每天早晨,他煮一锅粥,等粥冷凝成块后,就用刀将粥划成四块,早晚各取两块,就着咸菜充饥。

几年后,为了开阔眼界,他独个儿离开家乡,跑到南都(应天府),进了著名的南郡学舍。在那里,他认识了南郡留守的儿子,也是他的同学。此人看到范仲淹每天只吃两餐稀粥,便把这事告诉了父亲。他父亲听说后,感觉此人不一般,便让儿子送些好东西给范仲淹吃。

几天之后,留守的儿子偶然发现,他送去的东西,范仲淹原封未动,有的甚至都腐烂了。他感到很惊讶,问道:"我父亲听说你清寒贫苦,让我送些东西给你吃。你却动都不动,难道我们是哪里得罪你了吗?"

范仲淹回答说:"不是我不感激你们的好意,因为我吃粥已经很久,习惯了。现在一下子吃这么好的东西,以后我还能吃得下稀粥吗?"

他依旧昼夜苦读,从不懈怠,五年不曾解衣而卧,最终成为有宋一代的名家。我们从他身上看到的不仅是他能吃苦,还有那种坚不可摧的志气、骨气和意气。

啖粥苦学

警 枕

司马光是北宋的重臣，也是史学巨著《资治通鉴》的主持编写者。

"司马光砸缸"这个故事，相信小孩子都知道。故事突出了少年司马光的机智和聪颖。但他取得的成就更多的是靠刻苦自励而来的。尽管政事繁忙，他从没有忘记读书和写作。他常常读书到深夜，为了惜时，他特意为自己做了一个光滑的圆木枕头。每当困意来袭时，他就靠着枕头睡一会。但只要他一翻身，圆溜溜的枕头就会滚到地上，发出响声来。这样他就会被惊醒，也就可以接着读书啦。司马光称这个枕头为"警枕"。

书　巢

　　陆游是南宋著名的爱国诗人,是那个临终时还嘱咐子女"王师北定中原日,家祭无忘告乃翁"的亘古男儿。他一生留存诗歌近万首,数量之丰,在古代诗人中几乎无人匹敌。他本有一腔报国志,一生主战抗金,但一直得不到朝廷重用,最后在家乡隐居几十年。

　　隐居在家乡时,他像年轻时一样酷爱读书。他将自己的住房取名为"书巢",还为它写了一副对联:"万卷古今消永日,一窗昏晓送流年。"可见他借以消磨时光、对抗流年的办法是读书。

　　他特意写了一篇《有巢记》阐明他的志趣,原文不长,有兴趣的读者可找来读读。这里我们只叙述它的大意。

　　文中说有客人对他称住房为"书巢"不理解,就问他:"喜鹊在树上结巢,燕子在梁上结巢。上古有巢氏,那时还不会修房子;帝尧时代,老百姓也曾经结巢而居,因为那时洪水泛滥,平地上住不成。您现在的住房门窗、墙垣，应有尽有，为何偏偏叫'巢'呢？"陆游听了，回答说："在我的房子里、柜子中，放的都是书，面前堆的是书，床上枕的、铺的也是书。一眼望去，除了书还是书。而我呢？饮食起居，疾病痛吟，悲忧愤叹，始终和书纠缠在一起。……偶尔走动走动，也被书包围起来，简直寸步难行；（我）自己往往也笑起来，这岂不是我所说的巢吗？"陆游还亲自带他进屋看了究竟。开始，客人被书挡住了进不去；后来，费了好大劲才钻进去了，手上、脚上、头上碰到的都是书，一不小心便把书碰翻了。客人大笑道："这确实像书窝啊！"

陆游的书巢

吃 书

宋代理学家朱熹在白鹿洞讲学时，一个叫黄干的年轻人看到朱熹读过的书，书页边都摸成了黑色，有的甚至都摸碎了，不禁失口惊叹："先生哪里是在读书，简直是在'吃'书啊！"朱熹点头说："对，白鹿洞的第一条学规，就是要'吃书'。吃的方法有两种，一种是人的吃法，一种是牛的吃法。人吃，就是细嚼慢咽，吃出滋味来；牛吃，就是大嚼大咽，然后反刍。读书好比饮食，从容嚼咽，才见滋味；囫囵吞枣，看过就忘，对自己作用不大。"

黄干似有所悟地说："学生自然采取人吃的方法。"朱熹说："不，这样还不够。我以为两种方法都需要。只有人吃，则寡闻陋见，不知天地之阔，世界之博；只有牛吃，则只博不专。"朱熹还说："做学问之首，不只是要吃得进，还要吐得出。吃是读，吐是写。把你所学的东西，在脑子里整理思索一番，勤用脑，多动笔，学问就更透彻。'吐'也是'吃'的一种检验方法。"

现代大教育家陶行知先生认为光"吃书"不行,还要会"用书",要把死的书本知识变成活的社会实践。

朱熹"吃书"

抄 读

抄读乍看起来，和前面提到的"借读"有点重复。其实，借读是自己无书，向别人借来读，或是抄来读。而抄读强调的是读书方法，就是通过有目的地抄写书本来增强理解和记忆，有点类似于俗话说的"好记性不如烂笔头"。

左思写《三都赋》

左思是西晋的文学家，因写《三都赋》闻名。据说他写完此文后，立即红遍洛阳城，大家纷纷传抄。因用纸太多，洛阳的纸价也跟着上涨，因而有"洛阳纸贵"一词。

他幼年时并不聪慧，但懂得发愤。当他决定写《三都赋》同别人一较高下后，为积累素材，他日夜苦读。在读书时，他时时抄录。他家的门上、墙上、厕所里都挂满了纸笔，以便于他随读随抄。经过十年的反复构思，他终于写成了名篇《三都赋》。

东坡的"日课"

苏东坡是个天才，据说他出生时家乡彭老山上的草木尽枯，因为他是"文曲星"下凡。当地有个说法是：眉山生三苏，草木尽皆枯。但天才偏偏很勤奋，天才一勤奋，当然更是了不得了。

据《耆旧续闻》记载，有天朱司农在黄州拜访苏东坡，等了很久才见他出来。苏东坡出来后抱歉地说："刚才正在做日课，让您久等了。"朱司农问他做哪些日课，他说："抄《汉书》。我读《汉书》，到现在为止，已经抄录了三遍了。第一遍，每段抄三个字作为提示，就能记起来了；第二遍抄两个字，第三遍抄一个字就可以了。"

东坡抄《汉书》

著 书

不是所有流传于世的经典都是坐在书斋里苦心经营而来的，有些书的成书与众不同。

摘叶著书

元末明初著名学者陶宗仪，自幼立志苦读，读书的范围多且杂。后因生活困顿，不得已背井离乡，流落到江苏松江。每当空闲时，他喜欢到树荫下歇息，听听当地人聊故事。听到有趣的、有感触的东西，他很想把它们都记下来。

当时正是乱世，他吃穿尚且勉强，哪里还有余钱买那些昂贵的纸呢？随着几片树叶吹落在身上，他心里忽然有了主意，若能以树叶代纸，那不是有了随时可取用的无穷资源吗？自此，他将所见所闻随时记在树叶上，也将自己的体会心得写在树叶上。写完一叶，便放入一个大腹敛口的瓮里，待装满后就埋入树下。经年累月，共积满了十多瓮。

十多年过去了，陶宗仪决定把瓮里的树叶取出来，并将树叶上的内容逐一抄录整理，编撰成书，取名为《南村辍耕录》。

蒲松龄的聊斋

"聊斋"是清朝著名小说家蒲松龄为他书房取的名字，从某种意义上说，这两个字也表明了中国著名的文言短篇小说《聊斋志异》的写作源泉。

蒲松龄的聊斋

所谓"聊",就是交谈。据说蒲松龄特别喜欢民间流传的一些奇闻逸事,为了搜集素材,他在居住的地方附近设了一个茶棚,凡是进来的人一概不收银子。他捧上一壶茶坐下来和客人闲谈,请求四方过路之人给他讲各种故事。多年之后,他把听来的这些故事进行加工润色,《聊斋志异》便由此诞生。

蒲松龄一生执意于考科举,从二十多岁考到七十多岁,五十多年里,共考了近二十次,一直到七十二岁才考中贡生。在这五十多年里,为维持生计,他以坐馆教书为生。每当夜晚孤单一人时,他便以读书或听人讲故事来消磨漫漫长夜。科考不顺,但著书梦一直没有醒。前后历经几十年,几乎耗尽了大半生,他才写出这部"写鬼写妖高人一等,刺贪刺虐入骨三分"的经典之作。

行　读

著书除了用眼、用手，还可以用"足"哦。有些经典名作是"跑"出来的，是在游历与行走的过程中日积月累而成的。

徐霞客：游历成书

明代人徐霞客少年时爱读书，尤其钟情于地经图志，少年时就立下了"丈夫当朝碧海而暮苍梧"的旅行大志。他试过参加科考，未中。好在父母都很开明，并没有让他在传统文人都选择的这条道上走到黑，既然儿子酷爱读书又志在游历，哪条路精研下去会走不通呢？

二十岁之后，他踏上了游历之路，前后共经历了三十多年。这三十多年，他先后四次进行了长途跋涉，行迹遍布大半个中国。整个考察无人资助，全靠徒步，只是偶尔骑马乘船，还要背着行李和书籍。他寻访的地方，多是荒凉的穷乡僻壤，或是人迹罕至的边远地区。他曾经三次遭遇强盗，四次绝粮，几次险些丧命，尝尽了旅途的艰辛。没有粮食了，他就用头上戴的绸巾去换几竹筒米；没有旅费了，就用身上穿的夹衣、裤子去换几个钱。

第四次出游途经湘江时，他遇到了强盗，行李、旅费被洗劫一空，他被逼跳进湘江才脱险。事后有人劝他不如回去，并主动资助他回乡的路费，他却说："我带着一把铁锹来，什么地方不可以埋我的尸骨呀！"

明崇祯十三年（1640年）正月，徐霞客已"两足俱废"，心力交瘁，不得不返乡。云南地方官员用车船送徐霞客回到江阴。

徐霞客路遇强盗

江阴的官员来探望时问他，何苦来哉？徐霞客说："张骞凿空（用开凿的方式使原本不通的道路变得通行），未睹昆仑；唐玄奘、元耶律楚材衔（接受，奉命）人主之命，乃得西游。吾以老布衣，孤筇（qióng，竹杖）双屦（jù，麻布鞋）穷河沙，上昆仑，历西域，题名绝国，与三人而为四，死不恨矣。"他说自己与张骞、玄奘、耶律楚材三人将合而为四，死了也没有什么可遗憾的。

他确实没有什么可遗憾的，三十余年的游历与考察，最终成就了《徐霞客游记》这部巨著。这本书描绘了大半个中国的众多山水名胜、奇观异景、风俗民情、社会生活等，包含地学、文学、文化、经济、动植物等方面内容，说它是"明末社会的百科全书"一点也不为过。

顾炎武：旅行读书

"天下兴亡，匹夫有责"这句话，人人皆知。这是从顾炎武的名言"保天下者，匹夫之贱，与有责焉耳矣"提炼而来的，从中可以看出他的道德节操。

顾炎武生于明末，少有大志，但他非常反感八股科举这类束缚人的东西。自二十七岁起，他断然弃绝科举帖括之学，遍览历代史乘、郡县志书，以及文集、章奏之类，随后四处游历。他曾六谒明孝陵，以寄故国之思。四十五岁时，至山海关，凭吊古战场。此后二十多年间，他孑然一身，游踪不定，足迹遍及山东、河北、山西、河南,"往来曲折二三万里,所览书又得万余卷"。

  他每次外出旅行,都用马、骡子载着书跟随自己。到了险要的地方,就叫仆人打探所到之处的详细情况,有时发现情况和平日里自己知道的不相符,就走向街市客店中,打开书本核对校正它。有时走在平坦的大路上,他就在马背上默默地诵读各种经书典籍。偶尔忘了什么,到客店后他会打开书复习。

  他用了近三十年时间写成了《日知录》。这是一部经年累月、积金琢玉撰成的大型学术札记,对后世影响巨大。

疑 书

"伟大的灵魂，是向往怀疑的。"怀疑是无限的探求与实证，怀疑是不折不挠、一往无前的坚实步履。陶行知先生说："书既不可以全信，那么，应当怀疑的地方就得问。学非问不明。"很多经典巨著、深刻思想，都始于怀疑。

李时珍：去伪存真

李时珍出身于明代的一个医学世家。他自幼开始，阅读了大量的医典，搜集了很多医案和读书笔记。在这个过程中，他发现了诸家说法很多并不一致，甚至自相矛盾。在诊断过程中，比如一个江湖郎中误信《日华本草》的记载，把漏蓝子和虎掌混为一谈，致使病人病情加重。有一位郎中为一名病人开了一味防葵，病人服药后很快就死了。还有一个身体虚弱的人，吃了郎中开的黄精，也莫名其妙地送了性命。原来，几种古医书上，都存在着一些谬误。若不及早订正，医药界以它们为凭，轻则耽误治病，重则害人性命。

抱着怀疑精神，他决定在广收博采的基础上，编一本"是非有归"的医学典籍。除了阅读典籍，他还通过实地考察、自己栽培、自己试药等种种方法，澄清疑点，一一订正。经过二十多年的努力，他才完成了这部宝贵的医学遗产《本草纲目》。书中除收录了原有诸家所载药物一千五百多种外，还新增了三百七十多种药物，增辑新方八千多条。

戴震：打破砂锅问（璺）到底

戴震是清朝思想家、经学家。他天资并不好，十岁才能开口讲话，但他爱读书。

《大学》有《经》一章，《传》十章。有条注解说这一章《经》是孔子的话，由曾子写的；那十章《传》是曾子之意，由他的门徒记下来的。戴震问老师怎样知道是如此。老师说，朱文公（夫子）是这样注的。他问朱文公是何时人，老师说是宋朝人。他又问孔子和曾子是何时人，老师说是周朝人。

"周朝离宋朝有多少年？"

"差不多是两千年了。"

"那么，朱文公怎样能知道呢？"

老师答不出来,心里暗自道,这是一个了不起的孩子。戴震打破砂锅问(璺)到底的怀疑穷究精神,着实非同寻常。

戴震问学

古人谈读书

读书法

　　读书虽没有定法，但有一定的规律。古人有各种奇奇怪怪的读书方法，虽说不一定要完全照搬，但多多少少能给人启发。有些方法，直到现在也没有过时呢。

袁枚：分类摘录法

　　袁枚前面我们已经认识他了。他很博学，但自感记忆力低人一等，而且天下之书太多，不可能读得完，读了也未必能记住。他用"分类摘录法"积累学问，类似于我们现在的做卡片。他每读一本书，都会一边读一边思考，从中筛选出自己认为重要的东西，动手抄录下来，再分门别类进行整理，以补记忆力之不足。随着时光之推移，阅书之广博，积累的资料也越来越多，写诗作文所需材料也往往信手拈来。他的《随园诗话》、笔记小说《子不语》

袁枚抄书

等，都得益于这种方法。

当然，《随园诗话》和《子不语》都不具备很强的体系性，前者是感悟式的一段段诗话，后者是笔记式的志异志怪短篇小说，用这种"卡片""摘录"法倒是很适合。

伊元复：化整为零

伊元复是清朝康熙年间学者，福建人氏。他写过一篇《读书说》，讲他如何用"化整为零"的方法读经史。他一一清点了十余部要读的经书和史书的页数，以一年为期，除去吉凶、庆吊、祭祀和节日，以净剩的三百天，一半读经，一半读史。若每天读经三页，读史二十页，天资高的人，用三年的工夫就能读完这些书。即使是资质差的人，用六年的时间，也能读完。再不济的人，用九年时间也能读完。